El jardín de Dios

Escrito e ilustrado por

Debby Anderson

EDITORIAL
PORTAVOZ

Para Crystal y Stephanie:

Ustedes fueron la respuesta a nuestra oración por
esposas cristianas y amorosas para nuestros hijos,
Ben y Kevin. ¡Sus viajes de boda a Guatemala y
Méjico fueron maravillosos!

Con amor, mamá.

Texto e ilustraciones de *El jardín de Dios* © 2015 por Debby Anderson

Publicado por Editorial Portavoz, filial de Kregel Publications, Grand Rapids, Michigan 49505. Todos los derechos reservados.

Todo el texto bíblico sin otra indicación ha sido tomado de la *Santa Biblia*, Nueva Traducción Viviente, © Tyndale House Foundation, 2010. Usado con permiso de Tyndale House Publishers, Inc., 351 Executive Dr., Carol Stream, IL 60188, Estados Unidos de América. Todos los derechos reservados.

El texto bíblico indicado con "NBLH" ha sido tomado de Nueva Biblia Latinoamericana de Hoy, © 2005 por The Lockman Foundation. Todos los derechos reservados.

El texto bíblico indicado con "NVI" ha sido tomado de *La Santa Biblia, Nueva Versión Internacional* ®, copyright © 1999 por Biblica, Inc.® Todos los derechos reservados.

EDITORIAL PORTAVOZ
2450 Oak Industrial Dr. NE
Grand Rapids, MI 49505 USA

Visítenos en: www.portavoz.com

ISBN 978-0-8254-5678-7 (rústica)
ISBN 978-0-8254-6521-5 (Kindle)
ISBN 978-0-8254-8670-8 (epub)

1 2 3 4 5 edición / año 24 23 22 21 20 19 18 17 16 15

Impreso en Colombia
Printed in Colombia

Las manzanas rojas y brillantes
crecen en los árboles…

… las moras jugosas y lustrosas crecen en los arbustos… las calabazas grandes y redondas crecen en las enredaderas… ¡Dios hace crecer el fruto! ¡Y Dios hace crecer fruto en nuestra vida también! El fruto que Dios hace crecer en nuestra vida se llama fruto del Espíritu, *¡y crece dentro de nosotros!*

¿Vamos a tener una naranja como nariz... rodajas de melón como cabello... y una banana como boca? ¡No, pero sería divertido!

Si un amigo mira dentro de nosotros, ¿puede ver el fruto del Espíritu? ¡No, pero verá nuestro cambio de comportamiento!

Cuando el fruto del Espíritu crece en nuestra vida, ¡cambiamos y empezamos a parecernos más a Jesús! ¡Nos convertimos en personas que quieren ayudar a otros!

Génesis 1:11; Efesios 3:14-21

Cuando le pedimos a Jesús que sea nuestro Salvador y Rey, Él nos da su Espíritu para que viva siempre dentro de nosotros. Como el sello de una carta, el Espíritu de Dios es su promesa y la seguridad de que llegaremos un día al cielo. Él también promete ayudarnos para que crezca el fruto del Espíritu en nuestra vida…

Gálatas 4:6; 5:22-23; Efesios 1:13-14

amor   gozo

paz

amabilidad

dominio propio

paciencia

bondad

fidelidad

humildad

Amor

Vamos a aprender primero sobre el amor. ¡El amor es una parte del fruto del Espíritu tan grande y gigante como la sandía! En vez de preocuparnos solo por nosotros mismos, el amor significa que nos preocupamos por otros también. ¡El amor hace crecer todo el resto del fruto!

¡Dios es amor! ¡Amamos a otros porque Dios nos ama y su Espíritu vive en nosotros! Para saber cómo amar a otros, tenemos que escuchar al Espíritu de Dios. Y para tener el poder para amar a otros, ¡es necesario obedecer la Palabra de Dios!

Colosenses 3:12-14; 1 Juan 4:19

Gozo

Después sigue el gozo. El gozo significa celebrar y agradecer a Dios por quién es Él y por lo que Él hace.

...a veces celebramos sin hacer ruido ... ¡y otras veces con mucho ruido!

¡Dar gracias hace crecer el gozo! ¿Por quién o por qué estás agradecido? Haz una lista.

Tener gozo **no significa** que nunca tendremos problemas o estaremos tristes. Tener gozo significa que sabemos que Dios está con nosotros y nos ayuda cuando tenemos problemas o estamos tristes. Él nos da su Espíritu para consolarnos. Dios cuida de nosotros.

Filipenses 4:4; Santiago 1:2-4

Paz

Necesitamos paz especialmente cuando estamos tristes, enojados o asustados. Tener paz es saber y confiar en que Dios es amor. Dios es bueno y tiene todas las cosas bajo su control. Él sabe el nombre de todas las estrellas en el universo. Él sabe cómo nos llamamos, qué pensamos e incluso cómo nos sentimos.

Orar y aprender la Palabra de Dios nos ayuda a conocerlo más y a confiar más en Él. ¡Cuanto más lo conocemos y confiamos en Él, más crece el fruto de la paz en nuestra vida!

¿Qué te hace estar triste... enojado... asustado? ¿Qué cosas sabemos de Dios que nos ayudan a estar alegres... a perdonar... a ser valientes?

Jeremías 17:7-8; Filipenses 4:6-7; Salmos 147:3-4

Paciencia

¡Crecer requiere paciencia! ¡Dios es paciente con nosotros! Él sabe que no somos perfectos y, sin embargo, nos ama. Tengamos paciencia mientras Dios empieza a hacer crecer el fruto del Espíritu en nuestra vida. Tener paciencia es mantener la calma aun cuando estamos enojados. La paciencia nos ayuda a no rendirnos.

Tener paciencia es caminar despacio y estar atentos.

¡Tener paciencia es **esperar** hasta que empiece la carrera!

¡Tener paciencia es **esperar** a que los pingüinos salgan del huevo y crezcan!

¡**P**aciencia es **esperar** a que el fruto del Espíritu crezca! El agua y el sol hacen crecer la fruta que comemos. ¡Orar y aprender la Palabra de Dios hacen crecer el fruto del Espíritu!

Salmos 27:14; 1 Tesalonicenses 5:14; Santiago 1:21

Amabilidad

Amabilidad es HACER cosas para ayudar a otros. ¡El Espíritu de Dios nos capacita para ayudar, crecer, cambiar, crear y vivir! El fruto del Espíritu crece mientras caminamos guiados por el Espíritu. ¡Sé amable! ¡Prueba de hacer algunas de estas actividades útiles y divertidas!

...alimenta a los animales ...ayuda a limpiar la casa ... juega con un amigo nuevo ...

¿Cuáles son algunas otras maneras creativas y útiles de mostrar amabilidad?

Gálatas 5:25; Efesios 4:32

17

Bondad

¡Ser bueno es difícil! Por eso Dios nos da su Espíritu para que viva dentro de nosotros. El Espíritu de Dios nos da el poder para crecer, cambiar y tomar buenas decisiones.

Mira cada dibujo. ¿Cuál muestra una buena decisión y cuál muestra una mala decisión? ¿Por qué?

Tito 3:4-8; 1 Juan 1:9

Pero a veces tomamos malas decisiones que son como malas hierbas que detienen el crecimiento del fruto. Sin embargo, arrancamos toda esta maleza cuando le pedimos a Dios que nos perdone y nos ayude a tomar buenas decisiones. Dios nos ayudará a crecer y a cambiar de verdad. Dios siempre nos amará y nos ayudará.

Si tu responsabilidad es ser un portero de fútbol, ¡ser fiel significa no rendirse nunca!

Fidelidad

Dios es fiel con nosotros. Él siempre cumple sus promesas. Él nunca nos abandona. Él hará crecer la fidelidad en nosotros. Ser fiel significa ser responsable.

Lamentaciones 3:22-23; 1 Corintios 15:58

Si tu responsabilidad es memorizar las tablas de multiplicar, ¡ser fiel significa estudiar mucho!

Si tu responsabilidad es recoger todos los mangos maduros de un árbol, ¡ser fiel es completar la tarea… tal vez con la ayuda de un amigo!

¿Cuáles son tus responsabilidades?

Si tu responsabilidad es bañar a tu canguro mascota, ¡ser fiel significa llevar a cabo esa tarea hasta el final!

Gálatas 6:9; Colosenses 3:23

23

Humildad

El fruto del Espíritu nos ayuda a crecer y a parecernos más y más a Jesús. Él es el poderoso Rey de reyes, pero también decide mostrar humildad cuando trata con nosotros. Es importante mostrar humildad usando palabras amables, porque esto demuestra a nuestros amigos y a nuestra familia que nos importan.

También es importante no empujar a otros ni golpearlos, porque eso los lastima y los asusta. Cuando mostramos humildad, esto ayuda a nuestros amigos, nuestra familia y nuestros animales a sentirse seguros cuando están con nosotros.

Proverbios 15:1; Mateo 11:29; Apocalipsis 19:16

Dominio Propio

Tener dominio propio es decidir no hacer lo que está mal y hacer lo que está bien. ¡Pero, solos, no podemos hacer crecer el dominio propio! Cuando oramos y aprendemos la Palabra de Dios, el Espíritu de Dios, que está dentro de nosotros, hace crecer el fruto del Espíritu. Ora y pide a Dios que te dé poder para hacer lo que está bien.

Cuando tenemos que elegir entre "hacerlo" o "no hacerlo", una buena idea es DETENERSE, ORAR Y PENSAR sobre lo que puede pasar después.

¿Qué puede pasar…

… si compartes tu cuerda de saltar?

… si mientes y dices: "¡No me comí todo el paquete de papas fritas!"?

26

... si decides no hacer trampas?

¿Cuándo es difícil para ti hacer lo que está bien? ¿Por qué es difícil? ...¿Qué puede pasar si TODOS dejan que Dios haga crecer el fruto del Espíritu en su vida?...

Juan 15:5; Colosenses 1:10-14, 27; 2 Timoteo 1:7

... si compartes chismes?

… ¡Esto es lo que puede pasar si TODOS dejan que Dios haga crecer el fruto del Espíritu en su vida! ¡Celebremos!

amor **paz** **amabilidad**

gozo **paciencia** **bondad**

Conecta cada uno de estos frutos con las personas de los dibujos. Explica por qué piensas que están conectados.

I Corintios 13; Gálatas 5:22-23; 2 Pedro 1:3-8

dominio propio

fidelidad

humildad

Los atributos del Espíritu Santo

El Espíritu Santo es Dios.

Hechos 5:3-4. Pero Pedro dijo: "Ananías, ¿por qué ha llenado Satanás tu corazón para mentir al Espíritu Santo, y quedarte con *parte* del precio del terreno? Mientras estaba *sin venderse*, ¿no te pertenecía? Y después de vendida, ¿no estaba bajo tu poder? ¿Por qué concebiste (pusiste) este asunto en tu corazón? No has mentido a los hombres sino a Dios" (NBLH).

1 Corintios 3:16. ¿No saben que ustedes son templo de Dios y que el Espíritu de Dios habita en ustedes? (NBLH).

El Espíritu Santo vive en el creyente.

Juan 14:16-17. Entonces Yo rogaré al Padre, y Él les dará otro Consolador (Intercesor) para que esté con ustedes para siempre; *es decir*, el Espíritu de verdad, a quien el mundo no puede recibir, porque ni Lo ve ni Lo conoce, *pero* ustedes sí Lo conocen porque mora con ustedes y estará en ustedes (NBLH).

Romanos 8:9. Pero ustedes no están dominados por su naturaleza pecaminosa. Son controlados por el Espíritu si el Espíritu de Dios vive en ustedes. (Y recuerden que los que no tienen al Espíritu de Cristo en ellos, de ninguna manera pertenecen a él).

Efesios 1:13b-14a. Además, cuando creyeron en Cristo, Dios los identificó como suyos al darles el Espíritu Santo, el cual había prometido tiempo atrás. El Espíritu es la garantía que tenemos de parte de Dios de que nos dará la herencia que nos prometió.

Es el Espíritu de verdad.

Juan 15:26a. A ustedes yo les enviaré al Abogado Defensor, el Espíritu de verdad.

Juan 16:13a. Cuando venga el Espíritu de verdad, él los guiará a toda la verdad.

El Espíritu Santo capacita al creyente.

1 Corintios 2:12-13. Y nosotros hemos recibido, no el espíritu del mundo, sino el Espíritu que viene de Dios, para que conozcamos lo que Dios nos ha dado gratuitamente, de lo cual también hablamos, no con palabras enseñadas por sabiduría humana, sino con las enseñadas por el Espíritu… (NBLH).

El Espíritu Santo da dones al creyente.

Daniel 1:17a. A estos cuatro jóvenes Dios les dio conocimiento e inteligencia en toda *clase de* literatura (escritura) y sabiduría (NBLH).

1 Corintios 12:7-8. A cada uno de nosotros se nos da un don espiritual para que nos ayudemos mutuamente. A uno el Espíritu le da la capacidad de dar consejos sabios; a otro el mismo Espíritu le da un mensaje de conocimiento especial.

El Espíritu Santo intercede por nosotros.

Romanos 8:26-27. Además, el Espíritu Santo nos ayuda en nuestra debilidad. Por ejemplo, nosotros no sabemos qué quiere Dios que le pidamos en oración, pero el Espíritu Santo ora por nosotros con gemidos que no pueden expresarse con palabras. Y el Padre, quien conoce cada corazón, sabe lo que el Espíritu dice, porque el Espíritu intercede por nosotros, los creyentes, en armonía con la voluntad de Dios.

El Espíritu produce bondad, paz y gozo.

Romanos 14:17. Porque el reino de Dios no es comida ni bebida, sino justicia y paz y gozo en el Espíritu Santo (NBLH).

El fruto del Espíritu Santo

Amor

Juan 15:12. Este es Mi mandamiento: que se amen los unos a los otros, así como Yo los he amado (NBLH).

1 Juan 4:9-11. Dios mostró cuánto nos ama al enviar a su único Hijo al mundo, para que tengamos vida eterna por medio de él. En esto consiste el amor verdadero: no en que nosotros hayamos amado a Dios, sino en que él nos amó a nosotros y envió a su Hijo como sacrificio para quitar nuestros pecados. Queridos amigos, ya que Dios nos amó tanto, sin duda nosotros también debemos amarnos unos a otros.

Romanos 5:5b. Pues sabemos con cuánta ternura nos ama Dios, porque nos ha dado el Espíritu Santo para llenar nuestro corazón con su amor.

1 Corintios 13:4-5. El amor es paciente, es bondadoso. El amor no tiene envidia; el amor no es jactancioso, no es arrogante. No se porta indecorosamente; no busca lo suyo, no se irrita, no toma en cuenta el mal *recibido* (NBLH).

Proverbios 10:12. El odio provoca peleas, pero el amor cubre todas las ofensas.

Gozo

Salmos 16:11a. Me darás a conocer la senda de la vida; en Tu presencia hay plenitud de gozo (NBLH).

Salmos 59:16. Pero yo cantaré de Tu poder; sí, gozoso cantaré por la mañana Tu misericordia; porque Tú has sido mi baluarte y refugio en el día de mi angustia (NBLH).

Lucas 2:10-11. Pero el ángel les dijo: "No teman, porque les traigo buenas nuevas de gran gozo que serán para todo el pueblo; porque les ha nacido hoy, en la ciudad de David, un Salvador, que es Cristo (el Mesías) el Señor" (NBLH).

Romanos 15:13. Y el Dios de la esperanza los llene de todo gozo y paz en el creer, para que abunden en esperanza por el poder del Espíritu Santo (NBLH).

Paz

Salmos 37:37b. Porque a los que aman la paz les espera un futuro maravilloso.

Isaías 26:3. ¡Tú guardarás en perfecta paz a todos los que confían en ti; a todos los que concentran en ti sus pensamientos!

Isaías 41:10a. No tengas miedo, porque yo estoy contigo; no te desalientes, porque yo soy tu Dios.

Mateo 5:9. Dios bendice a los que procuran la paz, porque serán llamados hijos de Dios.

2 Corintios 13:11b. Vivan en paz y el Dios de amor y paz estará con ustedes (NBLH).

Colosenses 3:15. Y que la paz que viene de Cristo gobierne en sus corazones. Pues, como miembros de un mismo cuerpo, ustedes son llamados a vivir en paz

Paciencia

Romanos 15:5. Que Dios, quien da esa paciencia y ese ánimo, los ayude a vivir en plena armonía unos con otros…

Efesios 4:2. Que vivan con toda humildad y mansedumbre, con paciencia, soportándose unos a otros en amor (NBLH).

2 Timoteo 2:24. Un siervo del Señor no debe andar peleando, sino que debe ser bondadoso con todos, capaz de enseñar y paciente con las personas difíciles.

Amabilidad

Filipenses 4:8. Por lo demás, hermanos, todo lo que es verdadero, todo lo digno, todo lo justo, todo lo puro, todo lo amable, todo lo honorable, si hay alguna virtud o algo que merece elogio, en esto mediten (NBLH).

2 Timoteo 2:23-25. Pero rechaza los razonamientos necios e ignorantes, sabiendo que producen altercados (peleas). El siervo del Señor no debe ser rencilloso, sino amable para con todos, apto para enseñar, sufrido. Debe reprender tiernamente a los que se oponen, por si acaso Dios les da el arrepentimiento que conduce al pleno conocimiento de la verdad (NBLH).

Tito 3:2. No deben calumniar a nadie y tienen que evitar pleitos. En cambio, deben ser amables y mostrar verdadera humildad en el trato con todos.

Bondad

Salmos 145:8-9. El SEÑOR es misericordioso y compasivo, lento para enojarse y lleno de amor inagotable. El SEÑOR es bueno con todos; desborda compasión sobre toda su creación.

Salmos 145:17. Justo es el SEÑOR en todos Sus caminos, y bondadoso en todos Sus hechos (NBLH).

Efesios 2:10. Somos la obra maestra de Dios. Él nos creó de nuevo en Cristo Jesús, a fin de que hagamos las cosas buenas que preparó para nosotros tiempo atrás.

2 Tesalonicenses 3:13b. Amados hermanos, nunca se cansen de hacer el bien.

Tito 3:3c-5. Nuestra vida estaba llena de maldad y envidia, y nos odiábamos unos a otros. Sin embargo, cuando Dios nuestro Salvador dio a conocer su bondad y amor, él nos salvó, no por las acciones justas que nosotros habíamos hecho, sino por su misericordia. Nos lavó, quitando nuestros pecados, y nos dio un nuevo nacimiento y vida nueva por medio del Espíritu Santo.

Tito 3:14. Y que los nuestros aprendan a ocuparse en buenas obras, atendiendo a las necesidades apremiantes, para que no estén sin fruto (NBLH).

Humildad

Efesios 4:2. Que vivan con toda humildad y mansedumbre, con paciencia, soportándose unos a otros en amor (NBLH).

Santiago 3:13. Si ustedes son sabios y entienden los caminos de Dios, demuéstrenlo viviendo una vida honesta y haciendo buenas acciones con la humildad que proviene de la sabiduría.

1 Pedro 3:15-16a. En cambio, adoren a Cristo como el Señor de su vida. Si alguien les pregunta acerca de la esperanza que tienen como creyentes, estén siempre preparados para dar una explicación; pero háganlo con humildad y respeto.

1 Pedro 5:5. Del mismo modo, ustedes los más jóvenes tienen que aceptar la autoridad de los ancianos; y todos vístanse con humildad en su trato los unos con los otros, porque "Dios se opone a los orgullosos pero da gracia a los humildes".

Fidelidad

Deuteronomio 32:4. ¡La Roca! Su obra es perfecta, porque todos Sus caminos son justos; Dios de fidelidad y sin injusticia, justo y recto es Él (NBLH).

Salmos 36:5. Tu misericordia, oh SEÑOR, se extiende hasta los cielos, Tu fidelidad, hasta el firmamento (NBLH).

Lamentaciones 3:22-23. Que las misericordias del SEÑOR jamás terminan, pues nunca fallan Sus bondades; son nuevas cada mañana; ¡grande es Tu fidelidad! (NBLH).

1 Corintios 4:2. Ahora bien, lo que se requiere además de los administradores es que *cada* uno sea hallado fiel (NBLH).

Dominio propio

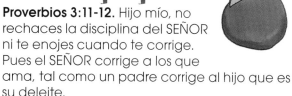

Proverbios 3:11-12. Hijo mío, no rechaces la disciplina del SEÑOR ni te enojes cuando te corrige. Pues el SEÑOR corrige a los que ama, tal como un padre corrige al hijo que es su deleite.

Proverbios 12:1. Para aprender, hay que amar la disciplina; es tonto despreciar la corrección.

Romanos 8:6. Por lo tanto, permitir que la naturaleza pecaminosa les controle la mente lleva a la muerte. Pero permitir que el Espíritu les controle la mente lleva a la vida y a la paz.

1 Corintios 9:25. Todos los atletas se entrenan con disciplina. Lo hacen para ganar un premio que se desvanecerá, pero nosotros lo hacemos por un premio eterno.

Gálatas 6:8. Los que viven solo para satisfacer los deseos de su propia naturaleza pecaminosa cosecharán, de esa naturaleza, destrucción y muerte; pero los que viven para agradar al Espíritu, del Espíritu, cosecharán vida eterna.

2 Timoteo 1:7. Porque no nos ha dado Dios espíritu de cobardía, sino de poder, de amor y de dominio propio (de disciplina) (NBLH).

Jesús dijo: "Ciertamente, yo soy la vid; ustedes son las ramas. Los que permanecen en mí y yo en ellos producirán mucho fruto porque, separados de mí, no pueden hacer nada... Cuando producen mucho fruto, demuestran que son mis verdaderos discípulos. Eso le da mucha gloria a mi Padre" (Juan 15:5, 8).

¿Cómo permanecemos en Jesús? ¿Cómo nos encontramos con Él? ¿Cómo comienza a crecer el fruto del Espíritu en nosotros?

Dios es bueno, perfecto e incapaz de hacer algo malo. Por el contrario, la Biblia dice acerca de nosotros: "¡no hay ni uno solo que haga lo bueno!" (Salmos 14:1; 53:1). Esto quiere decir que no somos capaces de hacer lo bueno; todos pecamos contra Dios. Dios, siendo santo y justo, no puede ignorar el mal ni vivir con pecadores. El resultado es la separación eterna de Dios.

Es por esto que Jesús vino a sufrir y a morir en una cruz. Vino a pagar el castigo por todas las cosas malas que hemos hecho, haciendo posible que conociésemos a Dios y viviésemos con Él para siempre.

¿Te gustaría ser perdonado por todas las cosas malas que has hecho, dicho y pensado en tu vida? ¿Quieres conocer a Dios y seguir el buen camino?

1. Reconoce la gravedad de tu pecado y tu necesidad de Dios.

Los pecados nos separan de Dios y son destructivos para los demás y para nosotros. El pecado es cualquier cosa que hacemos o pensamos que no agrada a Dios. Es insistir en hacer nuestra propia voluntad y no la de Dios, tal como ser egoísta, soberbio, envidioso, odiar y herir a los demás, robar, pelear, mentir, engañar o hablar mal de los demás. "Pues todos han pecado y están privados de la gloria de Dios" (Romanos 3:23, NVI).

Sin embargo, las buenas noticias son que Dios nos ama tanto que no quiere que estemos separados para siempre de Él cuando muramos, sufriendo eternamente el juicio eterno en un lugar de castigo. En vez de eso, podremos ir a vivir con Dios por siempre en el cielo. "Porque tanto amó Dios al mundo, que dio a su Hijo unigénito, para que todo el que cree en Él no se pierda, sino que tenga vida eterna" (Juan 3:16, NVI). "Porque la paga del pecado es muerte, pero la dádiva de Dios es vida eterna en Cristo Jesús Señor nuestro" (Romanos 6:23, NBLH).

2. Cree que Jesús es el único camino para llegar a Dios.

Es imposible conseguir el perdón de nuestros pecados recitando oraciones, dando dinero o tratando de agradar a Dios con nuestras palabras o acciones (Gálatas 2:16, 21; Efesios 2:8-9). Solo hay una manera de ser salvo y es a través de Jesús (Hechos 8:12). Su muerte en la cruz es el pago que acepta Dios por nuestro pecado puesto que Jesús, 100% Dios y 100% ser humano, fue el único hombre que nunca pecó, es el único que puede pagar el castigo que merecemos. Jesús murió en la cruz en nuestro lugar, resucitó al tercer día, y está vivo hoy. "Jesús le dijo: 'Yo soy el camino, la verdad y la vida; nadie viene al Padre sino por Mí'" (Juan 14:6, NBLH).

3. Arrepiéntete del mal y entrégate a Jesús.

Necesitas arrepentirte, aceptar el sacrificio de Jesús por tus pecados y entregarle tu vida. Arrepentimiento es dar media vuelta e ir en la dirección contraria. Es dejar el camino del "yo" y comenzar a caminar con Él y como Él quiera. Jesús asumió la culpa de nuestros pecados, y nos ofrece el perdón, una vida nueva por dentro y su fiel amistad. Todos estos regalos serán tuyos si sinceramente te arrepientes y le entregas tu vida a Dios.

Puedes expresarlo en tus propias palabras diciéndole algo como:

"Querido Dios, yo sé que soy un pecador. Creo que tu Hijo, Jesús, murió para recibir el castigo por mis pecados. Creo que lo levantaste de la muerte. Quiero que el Señor Jesús sea mi Salvador personal y perdone mis pecados. Gracias te doy por amarme y salvarme del castigo que merezco. En el nombre de Jesús. Amén".

Si realmente has puesto tu confianza en el Señor Jesús como tu Salvador, entonces la promesa de Dios para ti es que eres salvo. Tus pecados han sido perdonados y Jesús ha venido a vivir dentro de ti por medio de su Espíritu. Eres miembro de la familia de Dios y una persona nueva por dentro (2 Corintios 5:17). **"Mas a cuantos lo recibieron, a los que creen en su nombre, les dio el derecho de ser hijos de Dios"** (Juan 1:12, NVI).

Ahora que el Señor Jesús es tu Salvador personal, Él tiene otra promesa para ti. En la Biblia dice **"Jamás te abandonaré"** (Hebreos 13:5). Eso significa que el Señor Jesús, que ha venido a vivir en ti por medio de su Espíritu, nunca se irá de ti. Él te ayudará a que le obedezcas. Para aprender más del plan de Dios para tu vida, lee la Biblia que es el manual de vida para los hijos de Dios. Puedes comenzar con el Evangelio de Juan, que cuenta la historia de Jesús, y los Salmos que dan consejo y consuelo.

Habla con Dios todos los días sobre todas las cosas, ya sean grandes o pequeñas, obedécele siguiendo sus instrucciones en la Biblia y busca amigos que lo amen y te ayuden a crecer en tu amistad con Él.